SOUVENIRS

DE

MA VIE D'INSTITUTRICE

FRAGMENTS

PAR

Mme ITEY Jeune

DE TIZAC-DE-CURTON

Conserver la Couverture

BORDEAUX

IMPRIMERIE BORDELAISE J. LAMARQUE

43, Rue Porte-Dijeaux, 43

1879

SOUVENIRS

SOUVENIRS

DE

MA VIE D'INSTITUTRICE

FRAGMENTS

PAR

Mme ITEY Jeune

DE TIZAC-DE-CURTON

BORDEAUX

IMPRIMERIE BORDELAISE J. LAMARQUE

43, Rue Porte-Dijeaux, 43

1879

Dédié

A Son Éminence

Monseigneur DONNET,

Cardinal Archevêque de Bordeaux.

Éminence,

Que demandez-vous à la violette?.... Son parfum printanier et sa tendre couleur.

Que demandez-vous à la rose?.... Son odeur suave, et ses nuances si variées.

Que demandez-vous au lis?.... Sa virginale blancheur, sa beauté impériale et son arôme délicieux.

Mais à une simple femme, qui ne s'est jamais fait entendre que sous le chaume d'une humble école..., que lui demandez-vous?....

Hélas! elle n'a ni la grandeur, ni la majesté du lis; ni la beauté, ni l'éclat de la rose; elle est en tout point semblable à la violette.

Comme la violette, elle est cachée pour être oubliée;

Comme la violette, ses faibles qualités sont perdues et ignorées.

Vous, Éminence, si grand, — par tout ce qui distingue l'homme ici-bas sur la terre; — vous savez rendre justice à tous vos diocésains.

Pour les efforts persévérants et consciencieux, vous avez des encouragements empreints de bienveillance.

Pour la bonne volonté, vous avez des paroles rayonnantes d'indulgence.

Tel est, Éminence, le sentiment intérieur qui m'inspire, et qui me porte aujourd'hui à vous présenter un faible fragment des nombreuses compositions de ma vie d'institutrice, et de vous témoigner la grande vénération avec laquelle je suis,

De Votre Éminence,

la plus grande admiratrice, la plus dévouée,

la plus respectueuse de vos diocésaines,

M.-E. ITEY jeune.

SOUVENIRS

DE MA VIE D'INSTITUTRICE

A Son Éminence, Monseigneur Donnet, cardinal archevêque de Bordeaux.

ÉMINENCE,

Nous venons d'apprendre à l'instant même le passage de votre Éminence dans la petite commune de Tizac-de-Curton, et nous nous empressons d'accourir déposer aux pieds de notre bien-aimé Cardinal l'hommage de notre profond respect et de notre grande vénération.

Il y a presque dix-huit ans, Éminence, que l'allégresse la plus générale vous accueillait en triomphe sur ce chemin. — A cette époque mémorable, — j'eus l'insigne honneur de présenter à Votre Éminence la petite famille confiée à mes soins, — j'étais alors l'humble institutrice de Tizac-de-Curton, — et j'apprenais à mes élèves à révérer Votre Éminence comme une des lumières les plus éclatantes de notre siècle, — je les entretenais, tous les jours, des merveilles et des grandeurs de notre sainte religion, — et je puisais mes leçons dans ces admirables mandements, dans ces écrits sublimes, dans ces inspirations divines, — dont la plume docte et élégante de Votre Éminence a enrichi les annales de notre heureux diocèse.

Aujourd'hui, Éminence, le Ciel prodigue envers nous de ses faveurs, nous donne encore la douce joie de contempler l'Auguste Prélat que nous aimons, que nous chérissons, que nous vénérons. — Est-il un langage assez noble, est-il des expressions assez sublimes pour exprimer le pieux élan de notre saint enthousiasme et le pur amour de notre religieuse admiration ?

Mon mari, qui est maire de cette commune, et qui est dans ce moment à Vignonet, serait heureux, s'il était ici, d'exprimer à Votre Éminence ses sentiments bien vifs et bien sincères de respectueuse gratitude et d'inaltérable reconnaissance pour ce que vous avez fait pour Tizac.

Éminence, vous n'êtes pas seulement un des flambeaux de la sainte Église, vous êtes aussi le père affectueux et tendre des nombreux fidèles de votre diocèse, et vous n'oublierez pas vos enfants de Tizac. — Vous leur enverrez, le plus tôt possible, un bon prêtre, qui les fera marcher avec ferveur dans la voie des commandements de Dieu.

Daignez entendre favorablement nos prières, Éminence, et nous croire les plus respectueux de vos diocésains.

M.-E. Itey jeune.

Tizac-de-Curton, 16 octobre 1878.

A Son Éminence, Monseigneur Donnet, cardinal archevêque de Bordeaux.

ÉMINENCE,

Pour une belle âme et pour un grand cœur, il n'est point d'importuns; c'est pourquoi, Monseigneur, je prends, sans crainte de paraître importune, la respectueuse liberté de dire à Votre Éminence, qu'avant hier, la veille de la belle fête de Branne, on est venu, à trois heures et demie, nous annoncer le passage de Votre Éminence à Tizac. — Je me suis empressée d'improviser un bouquet, des plus belles fleurs de la saison, symbole de joie et de contentement, — et nous sommes tous partis sur le grand chemin, devant le presbytère ; — nous avons attendu jusqu'à cinq heures et demie; — le bourdon de Branne a sonné, nous avons dit, alors : — « Son Éminence est arrivée par une autre route », — et nous nous sommes retirés tout consternés, de n'avoir pu offrir nos respects et nos hommages à l'illustre Pontife qui continue si dignement à conduire les affaires de son immense diocèse, et qui marche dans la vie spirituelle et dans la vie civile avec toute l'ardeur d'une verte jeunesse.

Éminence, je vous envoie, ci-joint, les quelques mots, que j'aurais été si heureuse de vous dire de vive voix, — non pas pour vous les faire admirer, — mais pour vous dire que tous les cœurs de Tizac sont à vous ; — que vous vivrez à jamais dans leur souvenir, et qu'il leur est bien doux de pouvoir conserver pour vous une juste reconnaissance.

Maintenant, — nous espérons que Votre Éminence, ne nous fera pas trop attendre un bon prêtre que nous appelons de tous nos vœux.

Daignez me croire,

Éminence.

la plus croyante et la plus respectueuse
de toutes vos diocésaines,

M.-E. ITEY jeune.

17 octobre 1878.

LETTRE QUI ACCOMPAGNAIT LE BOUQUET

A Son Éminence, Monseigneur Donnet, cardinal archevêque de Bordeaux.

Éminence,

Aux jours des plus belles fêtes, les autels de Jésus et de Marie sont parés et ornés des plus belles fleurs, symbole pur de la joie et du contentement. Le charme de leur couleur, l'élégance de leur forme réjouissent tous les cœurs et s'harmonisent admirablement avec les chants d'allégresse et de bonheur.

Voilà pourquoi, Monseigneur, le passage de Votre Éminence étant pour nous une belle grande fête, nous osons offrir à Votre Éminence ces très-humbles fleurs, image de nos sentiments, expression de nos pensées, et nous prions Votre Éminence de les considérer comme une marque de notre profond respect et de notre pieuse affection.

M.-E. Itey jeune.

A Son Éminence, Monseigneur Donnet, cardinal archevêque de Bordeaux.

Éminence,

Permettez-moi de vous remercier personnellement, de l'empressement que vous avez mis à nous procurer un service religieux, nous sommes enchantés du prêtre qui vient nous dire la sainte Messe tous les dimanches ; nous sommes heureux d'entendre la parole de Dieu (nous en étions privés depuis si long temps); ce vénérable M. Noyrigat, — ce parfait ecclésiastique, — ce digne représentant de notre très-honoré chef diocésain, en marchant sur les traces de notre vertueux Cardinal est pour nous tous un modèle d'abnégation et de dévouement. Dans toutes les intempéries du temps, — il vient tous les dimanches avec un zèle le plus digne d'éloges nous célébrer la sainte Messe et nous faire de belles instructions. Sa voix douce et éloquente pénètre nos cœurs. Nous nous contenterions bien de ce service, mais, nous sommes peinés de le voir arriver tous les dimanches matin, dans la neige, dans le froid ou dans la pluie, parcourir un si long espace, nous craignons qu'il ne prenne du mal, et à notre grand regret, nous voyons bien que ce service ne peut pas continuer.

J'ose donc recourir à l'infinie bonté de notre très-vénéré et très-aimé Cardinal, pour le prier de nous envoyer un prêtre à demeure ; nous ferons tout ce qui dépendra de nous pour bien abriter ses vertus.

J'espère que ma supplique sera bien accueillie de Celui que le Divin Maître a établi prince de son Église, de l'illustre Prélat qui gouverne si bien les affaires de son immense diocèse.

Oh ! je vous en conjure, Éminence, n'oubliez pas les habitants de Tizac, envoyez-leur un bon prêtre, qui sèmera parmi eux, des paroles de foi et de charité.

A une petite commune comme Tizac, il faudrait un saint prêtre, sans désir, sans ambition, qui adoptât sa petite paroisse comme dernière étape. L'air sain du pays et la beauté pittoresque du site serait pour ses vieux jours des éléments précieux de bien-être et de santé.

Tous les habitants de Tizac déposent aux pieds

de Votre Éminence,

l'hommage de leur profond respect et de leur grande vénération.

Émilie Itey jeune.

Tizac-de-Curton, 16 décembre 1878.

A Son Éminence, Monseigneur Donnet, cardinal archevêque de Bordeaux.

ÉMINENCE,

Nous avons le bonheur de vous annoncer que Tizac-de-Curton marche bien sous l'administration pastorale de M. l'abbé Escache ; — l'église n'est plus la même ; il en a fait une petite cathédrale ; il a improvisé deux autels : un à la Sainte Vierge et l'autre à saint Joseph, avec une adresse admirable. Par son talent, son zèle et son dévouement, il mériterait certainement mieux que Tizac-de-Curton ; mais aussi, il aura la satisfaction d'y avoir fait du bien.....

Ce parfait ecclésiastique, — par un attrait irrésistible et par une douceur entraînante, — a su se concilier l'estime et l'amitié de tous. — Il y a beaucoup de monde aux offices et aux instructions de la semaine. Sous sa direction les enfants font des progrès étonnants au catéchisme. — Dimanche dernier, il y a eu un examen public, avant Vêpres, ils ont répondu admirablement.

Nous ne saurions assez remercier Votre Éminence de nous avoir donné, — pour nous guider dans la voie du salut, — cet homme de talent, cet homme de cœur, cet homme juste, cet homme de bien que toute la commune vénère et dont l'exemple est l'édification de son troupeau.

Ah! Éminence, tous les habitants de Tizac-de-Curton conservent pour vous une juste reconnaissance et rendent aussi un bel hommage à vos éminentes vertus. — Et comment n'en serait-il pas ainsi envers un prince le plus illustre de notre Sainte Eglise, qui réunit dans sa personne sacrée les plus grandes qualités. — Ah! il y a longtemps qu'une auréole de gloire a ceint le front de l'auguste Cardinal dont l'épiscopat a enfanté tant d'admirables œuvres au milieu de nous.

Pendant le cours d'un apostolat, qui dure depuis plus de quarante ans, vous n'avez songé qu'à vous rendre utile aux conceptions du génie, aux lumières acquises ; et aux vues les plus étendues se joignent le charme de la douceur, l'affabilité des manières les plus exquises, la prudence et la simplicité tant recommandée par le divin Maître. Ministre d'un Dieu de paix, vous en êtes sur la terre la vive image. Partout où votre ministère vous appelle, vous faites aimer notre sainte religion, partout vous savez la faire respecter. — Je dirai plus, Éminence, vous vous faites aimer vous-même.

Puisse, Éminence, ces vifs sentiments d'amour nous mériter toujours l'honneur de votre bienveillance et de votre protection! Puisse le Ciel exaucer nos vœux pour vous et prolonger, au gré de nos désirs, votre règne et vos années, pour la gloire de Dieu et pour notre bonheur!

Je suis, avec le plus profond respect,

Monseigneur le Cardinal,

De Votre Éminence,

la très-humble et très-dévouée servante,

Emilie Itey jeune.

Tizac-de-Curton, 29 mars 1879.

Petite allocution pour les enfants qui vont remercier leur Curé le jour de la première communion.

MONSIEUR LE CURÉ,

Depuis que nos parents nous ont confiées à votre sollicitude pastorale pour nous préparer à notre première communion, vous n'avez cessé de vous appliquer à nous instruire des vérités de la religion et des devoirs qu'elle impose.

Vous vous êtes efforcé de nous inspirer et de graver dans nos jeunes cœurs, l'amour de la vertu et l'horreur du vice. Vous n'avez rien négligé pour rendre accessibles à nos jeunes intelligences les hautes vérités, les dogmes sublimes de la belle religion de Jésus-Christ. Vous nous avez aidées, par vos sages conseils à réprimer nos passions naissantes et à corriger nos mauvaises habitudes. Mais surtout, vous nous avez édifiées par de bons exemples; car, vous le savez mieux que nous, les paroles touchent, les leçons instruisent, les corrections effraient ; mais les bons exemples sont un très-puissant mobile qui entraînent au bien et portent à la vertu. C'est vous, Monsieur le Curé qui, constamment appliqué à orner nos cœurs de toutes les vertus désirables, les avez préparés à cette action importante qui nous intéresse si vivement aujourd'hui. C'est vous qui, par votre ministère, avez rendu, hier au soir, la paix à notre âme par le sacrement de pénitence. C'est vous qui nous avez ouvert, ce matin, la porte du sacré Tabernacle pour nous donner en nourriture le vrai pain de vie, qui est le gage de l'immortalité. Oh ! qui pourrait raconter les merveilles qui se sont opérées dans nos âmes au moment où notre Dieu s'est donné à nous pour la première fois ? Non, Monsieur le Curé, nous n'oublierons jamais que c'est ici que notre cœur a tressailli pour la première fois aux douces impressions du bonheur. Grâce donc ! grâce, Monsieur le Curé, pour toutes les peines et soins que vous vous êtes donnés pour nous faire arriver à ce beau jour ! Ce qui sera consolant pour votre cœur de père, ce sera de voir que vous n'aurez pas travaillé en vain. Oui, nous avons compris, quoique jeunes encore, que pour tous, sans exception, la religion est le plus salutaire de tous les freins, la sauve-garde de toutes les vertus et que ce n'est qu'en la pratiquant sur tous les points que l'on peut jouir de la paix d'une bonne conscience et que l'on est irréprochable et devant Dieu et devant les hommes. Nous avons compris encore, quoique sans expérience, que les sacrements auxquels nous avons eu le bonheur de participer aujourd'hui, ne rendent pas impeccables, mais dans le temps de l'orage, nous reviendrons nous abriter derrière vos vertus ! Vous serez toujours notre guide, nous ne serons pas sevrées de votre amour, nous continuerons à venir épancher notre cœur dans votre sein paternel, à dissiper nos doutes et nos difficultés au flambeau de vos lumières. Et nous aurons toujours pour vous un respect tenant de la vénération, et une obéissance à tous vos avis.

Nous allons maintenant rentrer dans le sein de nos familles ; mais bien résolues d'y répandre la bonne odeur de Jésus-Christ, bien résolues d'y porter l'exemple de toutes les vertus chrétiennes que nous avons puisées auprès de vous. Vous serez amplement récompensé, Monsieur le Curé, et vous oublierez même vos grandes fatigues, si vous nous voyez tenir les résolutions que nous avons prises aux pieds de Jésus et les promesses que nous avons faites à Dieu devant la paroisse entière ; vous serez amplement dédommagé si vous nous voyez suivre le sentier que vous avez tracé devant nous. Ce sera là le meilleur moyen de vous témoigner notre reconnaissance, et c'est aussi la récompense la plus précieuse que nous puissions vous accorder.

Maintenant, nous serons trop heureuses si vous daignez accueillir avec un bienveillant sourire, cet hommage bien imparfait de notre reconnaissance et de notre respectueuse tendresse.

Discours de ma distribution de prix de 1865.

MESSIEURS,

Si cette assemblée n'était qu'une réunion d'étrangers, je me sentirais impuissante à maitriser mon émotion, et je me ferais un devoir de garder le silence ; — mais, autour de moi, je ne vois que des âmes aimantes, que des cœurs bienveillants ; et, je sais qu'en parlant progrès à ces âmes d'élite et à ces nobles cœurs, c'est mériter leur sympathie. Je viens donc, Messieurs, pour clôturer cette année scolaire, vous entretenir de nos enfants, espoir de la famille, orgueil de la commune.

La famille et la commune sont les deux moteurs qui déterminent toutes nos actions. La famille est la concentration de la vie intime, c'est la vie du cœur. — La commune est l'élément de la vie active, c'est la vie de la pensée. Le chef de la famille et le chef de la commune ont un même désir, se proposent un même but, marchent vers une même aspiration ; amour du bien, désir d'amélioration, réalisation du progrès ; mais pour produire ce bien, pour provoquer ces améliorations, et pour amener ce progrès, quel est le moyen infaillible désigné par l'expérience, c'est l'éducation. *L'éducation de la jeunesse,* dit Rollin, *est la source la plus certaine du bonheur des familles et des empires.*

Malheureusement, dans les familles, l'éducation est souvent faussée par une tendresse mal entendue, par les exigences capricieuses du monde, ou bien par les réalités saisissantes de l'existence. Les parents croient avoir tout fait pour leur enfant en gagnant pour lui de l'argent, en lui assurant une belle fortune acquise parfois à force de privations. On l'entoure de bons soins, on le préserve d'accidents. On le gare de toutes sortes de dangers. On fait tout ce qu'il est humainement possible de faire pour lui assurer son bonheur matériel ; mais rarement on se préoccupe de diriger son cœur, de prémunir son âme. Cependant, comme le dit fort bien un publiciste célèbre de notre époque, l'illustre Royer-Collard : *Sans l'éducation, l'instruction n'est qu'un instrument de ruine. L'éducation seule enseigne véritablement le devoir en le réduisant en pratique.*

Ma fille, — disent certains parents, — n'est pas destinée à vivre dans le grand monde, elle n'a pas besoin d'une si belle éducation. Ne confondons pas, Messieurs, l'éducation avec l'instruction. L'éducation est le trésor de l'âme, la richesse du cœur. L'instruction est l'ornement de l'esprit, la parure de l'intelligence. A la rigueur, on peut négliger les agréments de l'instruction ; mais on ne peut pas se passer des bienfaits de l'éducation. *La vie de l'homme n'est en réalité qu'une grande éducation dont le perfectionnement* est le but, nous dit le sage Dégerando, et l'illustre Rollin ne craint pas de poser cet axiome : *La principale obligation d'un père envers ses enfants, c'est de leur donner une bonne éducation.* Et l'estimable Dacier nous dit : *Donner à ses enfants une belle éducation, c'est leur donner une seconde vie.*

En effet, que devient une jeune fille sans éducation lancée dans le tourbillon des affaires et dans le tohu-bohu de la société ?.... Entraînée par les doux prestiges de l'imagination, transportée par les apparences décevantes des illusions, elle va grossir le nombre des victimes du manque d'éducation. La femme sans éducation plie à tous vents. Elle se laisse aller au gré des événements. Puisque la femme est faible, il lui faut une forte éducation pour développer en elle cette fermeté de caractère si nécessaire pour résister aux dangers qui la menacent, et pour la garantir contre les écueils dont elle est entourée. Comme l'exprime fort bien Mme de Staël : *La vraie supériorité consiste dans la force de l'âme ; et la force de l'âme, c'est la vertu.*

Une femme quel que soit son rang, quelle que soit sa position a besoin d'éducation. *Sans l'éducation,* dit M. Dacier, *les meilleurs qualités demeurent infructueuses.* L'éducation rehausse le niveau de l'intelligence, développe les facultés intellectuelles, fait comprendre à la femme sa dignité. Au lieu de s'amuser de mille petites vétilles, de s'occuper de mille rien stupides, qui d'ordinaire lui servent de passe-temps, elle cherchera un aliment plus digne de son esprit, plus en rapport avec sa pensée. Dès lors, elle ne cherchera plus ces faux semblants d'adulation adressés par la sottise à la vanité ; étant plus digne et plus forte, elle sera entourée de respect et d'hommages.

C'est donc à nous, institutrices, à nous fondées de pouvoir de la famille, à discipliner l'intelligence, à morigéner l'imagination. Pour donner à notre parole plus d'autorité, et à nos leçons plus de poids, citons cette page sublime extraite des lettres sur l'éducation, par Mme de Lambert. Cette illustre dame, en s'adressant à sa fille, s'exprime ainsi :

« Une jeune personne qui entre dans le monde a une haute idée » du bonheur qu'il lui prépare ; elle cherche à le réaliser, c'est la » source de ses inquiétudes. Les plaisirs du monde sont trom- » peurs, ils promettent plus qu'ils ne donnent. Pour fixer vos dé- » sirs, pensez que vous ne trouverez point hors de vous de » bonheur durable.

» Ne regardez pas la vertu des femmes comme une vertu ordon- » née par l'usage. Vous avez deux tribunaux devant lesquels vous » devez passer, la conscience et le monde ; vous pouvez échapper » au monde, mais vous n'échapperez pas à votre conscience.

» La vertu des femmes est difficile, parce que la gloire n'aide » pas à la pratiquer. Que votre première parure soit la modestie ; » elle augmente la beauté et sert de voile à la laideur. Il ne faut » négliger les talents, mais il faut bien plus penser à se donner un » mérite solide qu'à s'occuper de choses frivoles. Rien n'est plus » court que le règne de la beauté ; rien n'est plus triste que le » reste de la vie des femmes qui n'ont su qu'être belles. Les grâces » sans mérite ne plaisent pas longtemps. Quand vous ne vivez que » pour les plaisirs et qu'ils vous quittent, l'âme tombe dans un » grand vide. Songez à vous rendre heureuse dans votre état, on » ne serait ni ambitieux, ni envieux, tout serait en paix ; mais » nous ne vivons point assez dans le présent, nos désirs et nos es- » pérances nous portent sans cesse vers l'avenir.

» Le plus grande science est de savoir être à soi. Il faut se mé- » nager des ressources contre les chagrins de la vie. Assurez-vous

» vous-même une retraite où vous puissiez toujours vous retrouver,
» le monde aura moins de prise sur vous. Ayez quelques moments
» dans la journée pour lire et réfléchir. Il faut peu de chose pour
» les besoins de la vie ; mais il en faut beaucoup pour satisfaire
» aux besoins de l'opinion.

» Faites réflexion aux suites des passions. Souvent nous en som-
» mes désabusées sans en être guéries. — Elles surprennent la
» raison, jettent le trouble dans les sens et ternissent la réputa-
» tion. »

Dans les campagnes surtout, où les jeunes filles sont livrées de bonne heure à elles-mêmes ; où à peine adolescentes on les abandonne sans surveillance et sans mentor à la fougue des passions ; il est indispensable de leur révéler le plus tôt possible les déceptions de la vie. Il faut, — sans porter atteinte à cette aimable timidité, à cette innocence céleste, parure virginale de la jeune fille, — il faut lui suggérer des habitudes de prudence dans ses paroles, de sagesse dans ses actions, de modération dans ses désirs. Tout en elle doit être pur. Le plus léger soupçon porte atteinte à l'honneur d'une femme, et décolore son existence. Il faut donc que la jeune fille soit vigilante et attentive sur elle-même pour mériter cette considération et cette estime qui servent d'auréole à la vertu d'une femme. Comme l'a fort bien dit Mme de Staël : *La pureté de l'âme et de la conduite est la première gloire de la femme.*

Et Mme de Rémusat, dans son ouvrage de l'*Éducation des Femmes*, s'exprime également à ce propos d'une manière remarquable : « *La régularité des mœurs,* — dit-elle, — *fait toute notre dignité. Que sommes-nous sans elle? Quels services une femme peut-elle rendre à son pays? De quelle science utile ses méditations avancent-elles* les progrès? *Quel autre effort que la vertu* signalerait son immortelle origine? »

Puisque l'éducation a une influence si directe et si puissante sur l'avenir des femmes, ne serait-ce pas manquer à mon devoir que de transiger avec ma conscience, et de laisser germer dans le cœur de nos jeunes filles ces défauts légers en apparence, et qui, plus tard, en grandissant, se changent en vices. Oh ! si je n'écoutais que l'élan de mon cœur, moi aussi je cajolerais, je dorloterais, je mijoterais ces charmantes petites têtes d'ange, ces fronts si radieux sur lesquels brillent les rayons du ciel ; et, à me voir si indulgente, on s'écrierait : « Qu'elle est bonne ! » Eh bien ! vous vous tromperiez ; pour être bonne, je dois me montrer sévère, rude parfois, pour réprimer ces petits défauts qui déparent ces petites âmes d'enfant, ces petits cœurs d'ange. Je suis, croyez-moi, véritablement aimante, quand je gronde et quand je réprimande ; car je pleure de vos pleurs, je souffre de vos larmes, je suis punie par vos punitions. Mais il le faut ; et c'est alors que je me montre sincèrement votre amie. Comme l'a dit un de nos plus célèbres moralistes :

Plus on aime quelqu'un moins il faut qu'on le flatte.

En ce jour de bonheur, oublions les larmes et les punitions ; songeons au triomphe dont vont s'enorgueillir vos familles. Vous les avez gagnées ces couronnes par votre application, par votre désir de bien faire et par vos progrès. Qu'elles soient pour vous un nouveau motif d'émulation. Puis, quand vous rentrerez dans notre classe, asile du travail et de la paix, vous retrouverez en moi la sollicitude inquiète d'une mère. Je vous entourerai de nouveaux soins, et, je vous aiderai de mes conseils pour vous façonner aux bonnes manières, à la bonne tenue et à la modestie qui sont les premières fleurs de l'éducation. Puis nous nous livrerons avec une ardeur plus vive, avec un zèle plus actif à nos études de prédilection et à nos travaux habituels. Allons, pour soutenir votre énergie, pour animer votre courage, je vous redirai souvent cette belle pensée de Mme de Staël : *Le travail, de quelque nature qu'il soit, affranchit l'âme des passions dont les chimères se placent au milieu des loisirs de la vie.*

Mais, je m'arrête ; car si je donnais à mon sujet tout le développement qu'il comporte, ce serait, Messieurs, abuser de votre obligeante aménité. Seulement, avant de terminer, je m'empresse de donner un libre cours aux épanchements de mon cœur, en témoignant à toutes les personnes ici présentes ma sincère gratitude. Je vous remercie, Messieurs, d'avoir bien voulu suspendre les affaires sérieuses, d'avoir bien voulu oublier les exigences de la vie pour assister à cette solennité scolaire, à cette fête de l'enfance. Comme elles se réjouissent, ces chères petites, de la présence de M. le Curé !... Oh ! qu'elles seront fières et heureuses d'être couronnées par l'Apôtre du Christ !... Les couronnes reçues des mains du ministre de Dieu seront pour elles un présage de victoire. Oh ! oui, mes chères enfants, en considérant cette couronne, symbole de candeur, rappelez-vous qu'il faut savoir surmonter vos penchants, vaincre vos passions; et un jour vous recevrez des mains de M. le Curé la véritable couronne de la vertu. Permettez-moi, Monsieur le Curé, à moi, humble admiratrice de votre beau caractère, de me joindre à mes petites élèves pour vous donner ici un témoignage public de notre respectueuse vénération. Mais, à côté de notre bien-aimé Pasteur est assis l'honorable M. Margeon, le premier magistrat de notre commune; CELUI qui a su se concilier tous les suffrages, toutes les sympathies; CELUI qui par amour du bien, qui par amour du progrès, veille au bien-être de notre localité. Oh! Monsieur le Maire, merci! mille fois merci!... Je suis reconnaissante de votre gracieuse complaisance. Curieux des progrès des jeunes écolières de votre commune, vous avez bien voulu par votre présence leur prouver l'intérêt que vous portez à leurs travaux et à leurs succès. Au nom de mes petites élèves et au mien, daignez, Monsieur le Maire, agréer notre profond dévouement.

A vous aussi, Messieurs, qui faites partie des hautes notabilités municipales et dont la présence dans cette modeste enceinte est un puissant mobile d'émulation; à vous, Messieurs, notre respectueuse reconnaissance. Je ne doute pas, Messieurs, que ma voix, quoique faible, ne trouve parmi vous un écho, et vous voudrez bien m'aider de tout votre pouvoir et de toute votre influence pour soutenir mes efforts dans l'œuvre difficile dont je suis l'Apôtre. Quant à moi, Messieurs, tant que Dieu me prêtera vie et santé, ma volonté ne faillira jamais. Je me ferai un devoir d'arborer l'étendard du progrès en soutenant la sainte cause de l'éducation.

Venez à moi, tendres mères, confiez-moi le trésor de votre vie, — l'ange de vos rêves, — et je m'efforcerai de vous rendre un cœur soumis, obéissant, affectueux, dévoué, tel que vous l'avez rêvé. Fière de ma mission, heureuse de ma tâche, j'accepte avec courage la responsabilité qui pèse sur ma tête, et je m'acquitte avec bonheur des obligations que m'impose mon titre d'institutrice. Comme l'a fort judicieusement exprimé M. Guizot dans une circulaire aux instituteurs primaires : *C'est la gloire de l'institutrice de s'épuiser en sacrifices à peine comptés de ceux qui en profitent, de travailler pour les autres et de n'attendre sa récompense que de Dieu.*

Discours de ma distribution de prix de 1866. École communale mixte, je faisais fonction d'instituteur.

MESSIEURS,

Une distribution de prix produit sur les jeunes imaginations une radieuse et ravissante sensation ; attrayante par ses grâces enfantines, intéressante par ses joies suaves, elle est la première initiation à la vie intellectuelle. Dans cette solennité juvénile, les plus douces émotions impressionnent l'âme, les plus riantes perspectives enchantent le cœur, les plus charmantes illusions flattent l'esprit, c'est une sublime révélation qui fait pressentir les capacités ; car du choc de l'émulation éclate la pensée ; et, avec notre grand poète Lamartine, nous dirons :

L'homme est Dieu par la pensée.

Qu'il est beau de grandir l'homme, de l'ennoblir, de le diviniser, en lui rappelant qu'il a une âme créée à l'image et à la ressemblance de son Créateur !... Alors, le tout petit enfant, après avoir adressé sa petite prière au bon Dieu, est tout fier de dire : « Je suis Chrétien ! » La mère qui réfléchit aux destinées de son enfant lui sourit en l'embrassant, en le serrant sur son cœur ; et, avec notre grand poète, elle s'écrie : « L'homme est Dieu par la pensée. »

Venez vers nous, petits enfants, en vous apprenant à déchiffrer le beau livre de la création, nous vous apprendrons à connaître Dieu. En vous faisant lire l'Histoire sainte de son peuple privilégié, nous vous apprendrons à aimer Dieu. En vous faisant étudier les Commandements dictés par l'Éternel, nous vous apprendrons à servir Dieu. Alors, quand les forces intellectuelles dont le bon Dieu vous a gratifiés auront été développées et fortifiées par les leçons de l'école, avec le grand poète, vous répèterez : « L'homme est Dieu par la pensée. »

Que j'aime ces petites têtes espiègles, ces petits yeux éveillés, ces petites joues roses, ces petits fronts si purs, ces petits sourires si doux !... Tout, dans l'enfant, est gracieux et aimable, parce que (comme le dit le savant Lacépède) : « L'enfant ne voit la vie, qui » se présente à lui, que comme une route semée de fleurs ; il ne » prévoit aucun des malheurs qui l'attendent ; le chagrin n'a pas » ridé son front et effacé la noblesse de ses traits ; on y distingue » encore la première origine du roi de la nature... » Comment ne pas s'intéresser à ce roi tombé des cieux, qui demande à reconquérir son royaume ?... N'est-il pas de notre devoir de transporter sa jeune imagination dans les régions célestes de son empire et de lui faire comprendre que « l'homme est Dieu par la pensée. »

Oh ! quelle est belle la foi, qui, dans cette ombre insaisissable, nous montre l'image immortelle de Dieu ; la foi, qui, s'élevant au-dessus de la terre, au-dessus du temps, réalise ce qui n'est pas encore et transforme cette plainte fugitive en un chant éternel de joie et d'amour.

Il ne faut pas croire, Messieurs, qu'un langage imagé ne soit pas à la portée du jeune âge, et qu'une idée noble et généreuse ne soit pas comprise par de très-jeunes élèves. L'enfant aime tout ce qui est bon ; il admire tout ce qui est beau ; et le sage Rollin, en nous conseillant de considérer les enfants comme des petits hommes, s'énonce ainsi : « Les enfants sont capables d'entendre » raison plus tôt qu'on ne pense, et ils aiment à être traités en » gens raisonnables dès l'âge le plus tendre. » En cela, Rollin suit les errements de l'Église. Notre sainte Mère entretient les petits enfants des préceptes les plus sérieux, et elle met entre les mains de ces jeunes néophytes le Cathéchisme, ce code sublime de la morale divine, ce manuel profond de la philosophie chrétienne. Il n'est plus le temps où une mère craintive, imposant silence, s'écriait : « Ne lui dites pas cela !... c'est un enfant, il ne vous » comprendrait pas... » De nos jours l'enfant s'est fait homme !... Mgr Darboy, archevêque de Paris, dans son allocution aux élèves du lycée impérial Saint-Louis, fait ressortir la même idée, en

disant : « On n'a plus le temps d'être jeune à présent, et c'est
» vous servir que d'imprimer de bonne heure un tour sérieux à
» vos idées et à vos sentiments. »

Les savants les plus compétents, les moralistes les plus réfléchis ont acquis la certitude que l'enfant est apte à recevoir toutes les impressions, et l'observateur le plus expérimenté de notre époque, le savant Degérando nous dit : « La première éducation commence
» beaucoup plus tôt qu'on ne pense communément. »

Il est donc de notre devoir de parler un langage élevé et de dévoiler aux enfants la vérité ; mais la vérité pure, la vérité céleste, telle que la définit l'illustre Massillon : « La vérité, — ce présent
» du Ciel, — est la seule chose ici-bas qui soit digne des soins et
» des recherches de l'homme. Elle seule est la lumière de notre
» esprit, le règle de notre cœur, la source du vrai plaisir, le fon-
» dement de nos espérances, la consolation de nos craintes, l'adou-
» cissement de nos maux, le remède de nos peines. »

Croyez-vous donc, tendres mères, que pour préparer vos enfants à recevoir les éléments de cette vérité divine dont parle le vénérable Massillon ; il faille attendre que vos enfants soient à la veille de quitter l'école?... Non!... Il faut, dès leur entrée dans l'école, dans cette oasis où ils viennent puiser les eaux salutaires du savoir; il faut, tout en leur indiquant la route à parcourir, leur rappeler cette belle parole du grand poète : « L'homme est Dieu par la pensée. »

En m'entendant ainsi parler, on pourrait supposer que je me crois toute puissante, et que toutes ces petites intelligences n'attendent que le souffle de ma parole pour recevoir leur éclosion. . Hélas! il n'en est pas ainsi, et je sais fort bien que ma bonne volonté n'échoue que trop souvent. D'où vient le plus grand obstacle?... Qui pourrait le croire?... De la part de certaines familles qui se plaisent à contrecarrer la bonne volonté de l'institutrice. Certains parents, au lieu de nous aider dans l'œuvre si difficile de l'éducation, critiquent à tort et à travers ce que l'on fait pour le bien de leurs enfants.

Si nous réclamons que les enfants se rendent exactement à l'école, qu'ils arrivent à l'heure précise des classes, on glose sur notre prétendue exigence.

Si nous dressons les enfants à être propres, à être polis, à être prévenants, à être gracieux ; on se rit de ce qu'on appelle un vain caprice.

Si nous grondons les enfants de jouer dans les chemins, de se moquer des vieillards, d'insulter les mendiants, d'être méchants envers les animaux, on se plaint de notre trop grande sévérité.

Comment voulez-vous que les élèves soient soumis, respectueux, confiants envers nous, si les parents sont les premiers à ridiculiser ce que l'on fait pour le bien de leurs enfants.

Beaucoup de pères se disent : Nous envoyons nos enfants à l'école pour apprendre à lire, à écrire, à compter, pour apprendre tout ce qui est utile pour gagner de l'argent ; mais rien de plus. Si nos enfants se conduisent mal, cela nous regarde. A ce propos, nous citerons l'observation judicieuse de M. le comte de Ségur qui s'exprime ainsi : « L'éducation devrait être regardée partout » comme une partie principale de la législation. Les peuples mo- » dernes s'occupent assez de l'instruction qui ouvre l'esprit, et » trop peu de l'éducation qui forme le caractère. Nous livrons » l'esprit à l'école et le caractère au hasard. »

C'est donc malgré quelques familles, et à leur insu que nous travaillons à l'œuvre si difficile et si ardue de l'instruction. Les efforts les plus sérieux et les plus constants viennent se briser contre l'atonie morale de certains parents. Cependant le célèbre Rollin, le méthodiste le plus compétent en pareille matière, nous apprend que « l'éducation de la jeunesse est la source la plus cer- » taine du bonheur des familles et des empires. »

Si parfois je suis empêchée de donner aux jeunes garçons, ce poli, ce fini qui rendent l'homme plus sociable, et qui lui donnent le sentiment de sa dignité. Je me console assez facilement parce que je me dis : il est une école plus forte, plus puissante, plus influente que l'école communale, cette grande école, — cette école supérieure, — c'est la société !..... La société forme les hommes malgré eux. Là, chacun reçoit de rudes leçons, et les caractères les plus ingrats et les plus rebelles sont maîtrisés par les événements. Mais la femme n'est pas appelée à vivre au dehors. Son horizon se borne à son intérieur. Elle demeure étrangère à ce froissement social, à ce contact forcé qui mâte les volontés et qui change les opinions. « C'est dans sa famille, dit Théophraste, » qu'une femme doit montrer son esprit et sa prudence. » C'est donc à nos jeunes filles qu'il importe de donner une éducation solide !..... L'influence de la femme est toute puissante ; elle sera mère un jour, et, comme mère, elle tiendra entre ses mains les destinées d'un homme.

Comprenant toute la responsabilité qui pèse sur moi, institutrice, je me suis placée au-dessus de tous commérages qui, si souvent interprètent à faux mes intentions, et j'ai pris pour devise ce précepte enseigné par l'abbé Grégoire Girard, de Fribourg : « Les » mots pour les pensées; les pensées pour le cœur et la vie..... » Et, dans toutes mes leçons, j'ai soin de donner la prédominance aux pensées morales et positives qui doivent concourir aux progrès de l'éducation; car l'éducation de mes petites filles est la préoccupation fixe de mes veilles. Je les ramène constamment vers le grand but si bien défini par Mme de Staël : « L'éducation n'a quel» que prix que si elle sert à l'instruction religieuse de notre cœur. »

On demande quatre choses à une femme : que la vertu habite dans son cœur, que la modestie brille sur son front, que la douceur découle de ses lèvres et que le travail occupe ses mains. Eh bien! je conduis mes petites filles à la vertu par la prière, à la modestie par l'instruction, à la douceur par la raison, au travail par l'habitude, car la perfection de notre conduite vient de la pureté et de la sagesse de nos pensées habituelles, et je suis heureuse de déposer dans leur conscience cette douce conviction que la religion est la mère de l'esprit et le baume du cœur.

Si mes efforts sont parfois méconnus par certains esprits faux et arriérés, j'ai du moins la consolation d'être approuvée par les hommes les plus méritants. J'ai rencontré parmi les sommités intellectuelles de notre commune des sympathies bienveillantes et des encouragements salutaires qui me soutiennent dans la lutte.

M. le Maire de Tizac, promoteur éclairé et zélé de tout ce qui peut généraliser les bienfaits de la civilisation pour répondre aux vœux du gouvernement et aux désirs de notre Empereur, fait tous ses efforts pour propager les lumières.

A vous, Monsieur le Maire, notre vive gratitude!... A vous. Monsieur le Maire nos pieux remercîments!... Un jour viendra où tous vos administrés comprendront que l'école est le berceau de tous les talents et de tous les mérites, que l'école est la gloire et l'honneur d'une commune. Puis, à l'exemple de notre premier magistrat, chacun prendra pour devise cette pensée empruntée à Florian : « En sacrifiant tout à son devoir on est sûr d'arriver au » bonheur. »

Un jour viendra aussi où tous se rallieront autour de M. le Curé, où tous rendront hommage à l'esprit vaste et fécond de notre bien-aimé pasteur, qui contemple de haut les misères humaines ; tous s'associeront aux ferventes prières du saint prêtre qui nous parle au nom de la sagesse divine!... C'est alors que nous verrons tous les petits enfants venir assidûment à l'école parce que les parents comprendront que les connaissances rendent les hommes plus doux, que la raison porte à l'humanité et que le développement de la pensée est un élément de bonheur ; et, à l'exemple de M. le Curé, tous les parents rediront avec Pascal : « Toute notre dignité con-» siste dans la pensée : travaillons donc à bien penser, voilà le » principe de la morale. »

Merci, Monsieur le Curé!... merci de votre bienveillante bonté et de votre paternelle sollicitude!... Vous êtes l'ange du salut qui veillez sur nous!.....

Mais, parmi les anges gardiens préposés à la surveillance du progrès, il est un fonctionnaire vigilant et bienveillant qui est une des colonnes sur laquelle repose l'œuvre civilisatrice de l'école.

L'approbation d'un homme aussi distingué, et par ses mérites, et par ses vertus est le comble du bonheur. Un mot flatteur, une parole encourageante de ce digne fonctionnaire font oublier et les luttes et les déceptions. Alors j'éprouve que le bien que l'on fait parfume l'âme, et je me plais à redire avec Bacon : « La » religion est un aromate qui empêche la science de se corrom-» pre. »

Tels sont, Monsieur l'Inspecteur, les bons sentiments et les belles maximes que vous suggérez à votre très-humble subordonnée, qui est heureuse de vous exprimer publiquement sa respectueuse affection.

Merci, ô mon Dieu!.... La gêne officielle disparaît pour faire place à une douce aménité ; et, autour de moi, je ne vois que des protecteurs qui daignent me rappeler cette pensée de Mme de Staël : « La pureté de l'âme et de la conduite est la première » gloire de la femme. »

Mais le bonheur que j'éprouve à m'entretenir avec les hommes d'élite, et avec les personnes remarquables à tant de titres, qui ont bien voulu répondre à mon invitation, me fait oublier que mes jeunes élèves sont impatients de recevoir les récompenses dues à leurs travaux, à leurs efforts, et à leur bonne volonté.

Mes chers enfants, vous me voyez parfois bien fatiguée, bien découragée, prête à succomber sous le poids de ma tâche ; mais, tout aussitôt, je puise de nouvelles forces et une nouvelle énergie, en considérant tout ce qu'il y a d'avenir dans vos petites intelligences qui me demandent la pâture de l'esprit. — Alors, avec Marc-Aurèle, je me dis : « Notre âme se nourrit de pensées »; allons vite à l'œuvre ! « Les mots pour les pensées ; les pensées pour la cœur et la vie. »

Et je me réjouis, en voyant tous ces petits cœurs qui s'épanouissent, toutes ces petites âmes qui me sourient, tous ces petits bras qui m'enlacent de leurs caresses ; tous ces petits yeux qui versent des larmes d'attendrissement ; et dans ces naïves émotions, je puise un courage à toute épreuve. Tout mon bonheur est là !.... rendre aux parents des enfants modèles de vertu, qui feront l'honneur de la famille ; et, en pensant au bel avenir que je leur prépare par une bonne éducation, avec notre grand poète, je m'écrie : « L'homme est Dieu par la pensée. »

Discours de ma distribution de prix de 1867.

MESSIEURS,

Notre sainte religion, dans ses suaves et radieuses croyances, nous apprend qu'un ange tutélaire rayonne autour de nous, et qu'il nous couvre de ses ailes. Chaque mère, — fidèle à cette belle et pieuse tradition, — enseigne à son enfant à prier son bon ange ; et, cette douce habitude de la famille se propageant d'âge, en âge, à l'exemple de nos pères, nous sommes heureux d'adresser une invocation à notre ange gardien : car, « les habitudes de l'en-» fance et les préjugés de l'édudation, a dit l'illustre Fénélon, » s'emparent de nous avant que nous ayons eu le temps de » réfléchir. »

Heureux, oh! bien heureux les enfants qui sont guidés et inspirés par leur bon ange! Ils sont doux, obéissants, laborieux; ils font le bonheur et la gloire de leurs parents; car les enfants sont les anges du foyer, et leurs vertus rejaillissent sur leur famille. Songez-y, pères et mères, de vous dépendent les premières émotions et les premières impressions, si vous voulez avoir des enfants aimants et dévoués, apprenez-leur à acquérir l'habitude des vertus. Les bonnes habitudes sont des semences fécondes qui engendrent la bonne éducation.

Que de fois j'ai entendu de très-bonnes mères qui, mettant toute leur joie, tout leur amour, toute leur vie dans leurs enfants, regretter de ne pas être assez riches pour pouvoir leur donner une belle éducation, Hélas! dans leur simplicité naïve, elles ignoraient ces bonnes mères qu'elles possédaient en elles-mêmes les trésors d'une bonne éducation. L'éducation est indépendante de la fortune et des grandeurs; et une mère, sous le chaume de nos campagnes, peut inoculer à son enfant le germe d'une bonne éducation; tout aussi bien que les plus grandes dames sous les lambris dorés de nos grandes cités.

Apprendre à vos enfants à aimer Dieu, à le prier, à l'adorer, voilà la source d'une bonne éducation,

Enseigner à vos enfants le respect qu'ils doivent à leurs parents, aux autorités, aux vieillards, voilà les conséquences d'une bonne éducation.

Habituer vos enfants à l'obéissance, à réprimer leurs petits défauts, à se garer des vices, voilà les éléments d'une parfaite éducation.

Autrefois, dans les campagnes, on rencontrait beaucoup d'enfants malingres et difformes, parce que les mères ignoraient la manière d'élever les enfants. De nos jours les mères sont plus attentives, plus soigneuses; elles ont acquis des connaissances qui leur permettent de donner des soins mieux entendus; et voilà un pas immense dans l'éducation physique.

Autrefois, dans les villages, on croyait aux contes les plus absurdes, on meublait l'imagination des enfants des traditions les plus ridicules : aujourd'hui le père de famille entretient ses enfants des grandeurs historiques de la France parce qu'au milieu de nous plane le plus vaste génie de notre époque, le grand Napoléon; et voilà ce que l'on appelle le progrès dans l'éducation intellectuelle.

Autrefois, dans les pauvres familles, on ne respirait que jalousie contre les riches, que haine contre les puissants, que vengeance contre la société; on accoutumait les enfants au basphème et à la rébellion! aujourd'hui les mères les plus ignorantes murmurent les douces paroles de l'Evangile; et, en parlant charité et amour à leurs enfants, elles les accoutument à aimer leur prochain : c'est ainsi que se pratiquent parmi nous les principes généreux de l'éducation morale.

Vous le voyez, bonnes et excellentes mères, il ne faut pas être bien riche pour donner à son enfant une bonne éducation. « L'éducation, a dit le savant Rollin, est, à proprement parler, l'art de manier et de façonner l'esprit, Donner à ses enfants une belle éducation, c'est leur donner une seconde vie. La nature commence, l'éducation achève. » « L'éducation, a dit le profond penseur Dacier, doit venir au secours de la naissance ; sans elle, les meilleures qualités demeurent infructueuses ; » et le grand philosophe Saint-Réal n'a pas craint de dire : « J'aimerais mieux une éducation excellente avec un naturel médiocre, que le plus riche naturel du monde avec une éducation médiocre. »

C'est donc en vous, Pères et Mères, que vos enfants puisent les prémices d'une bonne éducation. Vous êtes leurs premiers éducateurs. Malheureusement on reste trop indifférent à cette pieuse et sainte mission, on s'inquiète peu de cette grande et noble tâche. On s'enquiert avec avidité de la manière d'élever les vers à soie, les abeilles, les chevaux, les volailles, mais on ne cherche pas à s'instruire sur la manière d'élever les enfants. Un traité sur l'éducation des huîtres trouvera un plus grand débit qu'un livre qui s'occupe de l'éducation des enfants.

Tremblez, Pères et Mères, de cette indifférence pour l'éducation des enfants naissent les monstruosités immorales qui se déroulent devant les Cours d'assises. Si tout jeunes vos enfants sont désobéissants, grossiers, incivils, répondeurs ; si tout jeunes, ils se rient de l'autorité paternelle, plus tard ils méconnaîtront l'autorité des lois, et vous rougirez de vos enfants parce que vous les aurez nourris des sucs pernicieux d'une mauvaise éducation.

Venez à nous, tendres Mères qui pleurez sur les égarements de vos enfants ; venez à nous, bonnes mères, qui êtes effrayées de leur mauvaise naturel ; il vous reste une planche de salut : essayons ensemble, unissons nos efforts ; ici commence la tâche ardue, pénible et difficile de l'institutrice — Nous allons faire en sorte de réparer les torts de l'éducations par les bienfaits de l'instruction.

L'instruction, c'est l'éducation appuyée sur les préceptes et mise en pratique. L'instruction, c'est l'expression qui corrige et qui instruit. L'instruction, dirigée par la Religion, sa divine mère, aidée par la science, sa bien-aimée sœur, s'infiltre dans les cœurs, s'insinue dans les esprits, s'empare des âmes ; alors elle domine, elle règne en souveraine. Souvent le naturel le plus inculte, le cœur le plus défectueux, l'esprit le plus ingrat, l'âme la plus basse, illuminés par le foyer puissant de l'instruction quittent leur enveloppe grossière et impure pour se revêtir d'une forme plus gracieuse, plus aimable et plus céleste.

En enseignant la lecture à vos enfants, nous leur apprenons à épeler le langage de la vertu.

En leur enseignant la grammaire, nous leur apprenons les principes éternels de la morale.

En leur enseignant l'arithmétique, nous leur apprenons à ne compter que sur les droits de l'équité.

Chaque science, chaque art est un anneau qui relie l'esprit aux éléments du progrès et de la civilisation. Voilà pourquoi plus vos enfants apprennent de choses différentes, plus leur imagination se développe, plus leur intelligence grandit, plus leur esprit se dilate.

Une école n'est pas ce que croit une foule ignorante et irréfléchie qui considère cet asile de la paix et de la candeur comme un endroit triste et monotone où l'on apprend seulement à lire, à écrire et à calculer. L'école est la succursale de l'Église. On y apprend à vivre par la pensée, et comme l'a fort bien dit le savant Cordelier de Fribourg, le Père Grégoire Girard : *Apprendre à lire, à écire et à chiffrer à la jeunesse, sans l'appliquer en tout — à former son esprit à la vérité et son cœur au bien, c'est d'un côté la laisser inculte, et de l'autre lui fournir les moyens de faire plus de mal.* A l'école, l'enfant doit retrouver les traditions de la famille, et dans l'école doivent se perpétuer les leçons maternelles. L'institutrice qui comprend sa tâche et sa mission doit se dire, en entrant dans sa classe : Je suis mère!... Voilà mes enfants... Il y a donc attraction et affinité entre l'éducation et l'instruction. Ce sont les deux fées qui président à nos destinées. Ce sont elles qui travaillent à l'œuvre civilisatrice de notre siècle.

Voilà, Messieurs, comment je comprends ma tâche d'institutrice. Il ne suffit pas d'enseigner à mes jeunes élèves les éléments arides des études primaires. Tout en m'occupant activement à développer leurs facultés intellectuelles, tout en leur donnant les principes d'une instruction solide et sérieuse, je cherche à corriger et à bonifier les mauvais naturels, et d'un œil vigilant je surveille les passions naissantes, et je les combats par l'ascendant moral d'une forte éducation.

Parfois, sans doute, ma volonté s'émousse et se brise, car certaines gens, au lieu de m'aider dans mon rude labeur, ridiculisent mes efforts, se rient de mon activité, condamnent mon énergie, et, en blâmant le bien que je veux faire, paralysent mes bonnes intentions anéantissent mon influence.

Mais que m'importe les injustices et les méchancetés, un tendre sourire, un regard amical de mes chers enfants, me font oublier toutes les petitesses tracassières de certaines personnes; entourée de mes élèves, je me sens forte et je me dis : Tous ces petits cœurs, un jour, me rendront justice, et pas un, j'en suis persuadée, n'oubliera *celle* qui les a tant aimés!...

Vous me connaissez mieux maintenant, mes enfants, vous m'appréciez plus justement depuis que vous m'avez vue à l'œuvre poursuivre avec constance et avec courage le but que je me suis toujours proposé. Vous me voyez continuellement occupée de vous. Vous êtes toute ma société, vous me suivez dans mes promenades, vous partagez toutes mes distractions, et dans notre communauté de travaux et de jeux, vous pouvez juger de plus près ma tendresse et mon dévouement.

Unissons-nous, mes enfants, d'intention et de cœur pour témoigner à M. le Maire, à M. le Curé notre respectueuse reconnaissance!... et pour remercier ces vénérables ecclésiastiques et cette aimable assemblée d'avoir bien voulu assister à nos petits exercices littéraires et par là encourager nos efforts.

Vers dédiés à une de mes petites pensionnaires.

Enfant, lorsque seulette en ta chambre mignonne,
Tu vas le front béni, par le baiser du soir,
Goûter le doux repos que l'innocence donne,
Après avoir, aux pieds de ta sainte Patronne,
Murmuré quelques mots où tout parle d'espoir;

Dis, songes-tu parfois, sur ta couche douillette,
Que bien d'autres enfants innocents comme toi,
N'ont pas un seul abri pour reposer leur tête,
Ou bien, si jeunes, hélas! que le vent, la tempête,
Les réveille en sursaut en les glaçant d'effroi.

Oh! prie, enfant, pour eux. Lorsque sur ton passage,
Un malheureux vers toi s'avance et tend la main,
Si tu ne peux donner, que du moins ton langage
Retentisse en son cœur, ranime son courage,
Et lui fasse oublier un instant qu'il a faim.

Ouvre à la charité ton âme généreuse,
Tu le dois au bon Dieu, pour les dons qu'il t'a faits
Tu le dois à mes soins. Je te veux voir heureuse,
Et de ce monde enfin, aimable voyageuse,
Éviter les périls et garder les bienfaits.

Et si plus tard, hélas! tu devais, ma chérie,
Perdre pour un moment la douce paix du cœur,
Alors, oh! souviens-toi de ta chambre bénie,
De tes souhaits d'enfant faits aux pieds de Marie
Et tu pourras vers toi ramener le bonheur.

Bordeaux. — Imp. J. Lamarque, rue Porte-Dijeaux, 43.

www.ingramcontent.com/pod-product-compliance
Ingram Content Group UK Ltd.
Pitfield, Milton Keynes, MK11 3LW, UK
UKHW021115290826
14628UKWH00014B/2486

9 782329 470931